G. DU PETIT-THOUARS

ESSAI

DE

POLITIQUE INDÉPENDANTE

PARIS

IMPRIMERIE ET LIBRAIRIE CENTRALES DES CHEMINS DE FER

IMPRIMERIE CHAIX

SOCIÉTÉ ANONYME AU CAPITAL DE SIX MILLIONS

Rue Bergère, 20

1885

ESSAI

DE

POLITIQUE INDÉPENDANTE

G. DU PETIT-THOUARS

ESSAI

DE

POLITIQUE INDÉPENDANTE

PARIS

IMPRIMERIE ET LIBRAIRIE CENTRALES DES CHEMINS DE FER

IMPRIMERIE CHAIX

SOCIÉTÉ ANONYME AU CAPITAL DE SIX MILLIONS

Rue Bergère, 20

1885

ESSAI

DE

POLITIQUE INDÉPENDANTE

Le moment approche où le pays va être appelé à se prononcer sur la direction des affaires publiques. Dans une circonstance toujours grave, qui l'est plus particulièrement à l'heure présente, il importe de ne point céder à un mouvement irréfléchi et de peser ses résolutions. N'est-ce pas faire acte de bon citoyen que de dire hautement ce que l'on pense de la situation, et quels devoirs elle semble imposer? Je n'ignore pas la responsabilité de la parole publique, mais je sais aussi que le silence a la sienne, qui n'est pas moindre. Le parti des bras-croisés est aussi coupable, il a fait autant de mal à ce pays que les partis les plus avancés.

La cause que je viens défendre est toujours la même, c'est celle de la liberté et de la démocratie.

Ingrat est le rôle de celui qui prétend ne s'inféoder à aucune coterie, résolu à garder entière son indépendance, et à lutter tour à tour avec l'opposition contre les jacobins et avec les libéraux contre la réaction. Cette attitude assure à qui la prend délibérément un profit infaillible : des coups de toutes parts. C'est une grande imprudence que d'avoir une opinion à soi ; quand on n'accepte pas toutes les idées du milieu où l'on vit, et qu'on ne sait pas dissimuler ces divergences, que bien loin de les cacher, on éprouve un impérieux besoin de les étaler, le moins que l'on risque, c'est d'être traité d'ambitieux ou de fou. Les plus intolérants vous appellent renégat et vous tournent le dos. Telle est la rançon de la liberté intellectuelle ; elle est d'un prix trop haut pour ne pas la payer de quelques sacrifices. Le succès est fort douteux, on est à peu près assuré de succomber entre deux feux : est-ce une raison pour se dérober aux injonctions de la conscience ? Il est des défaites dont le souvenir reste exempt d'amertume, et il n'y a ni honte ni déshonneur à conformer sa conduite à ses convictions.

I

En 1879, quand le Maréchal de Mac-Mahon est noblement descendu du pouvoir, la victoire du parti républicain était complète. L'entreprise du 16 mai n'avait servi qu'à constater le discrédit de l'opposition et l'impuissance des ennemis de la République. La majorité appartenait à ses partisans dans les assemblées, à la chambre des députés depuis le 14 octobre 1877, au Sénat, depuis le renouvellement partiel de janvier 1879. Par une désignation unanime, ils venaient de porter à la Présidence de la République le plus considéré des représentants de ce principe. Jamais concours de circonstances plus favorables ne se rencontra pour fonder un régime définitif. La suite a-t-elle répondu à un début si plein de promesses ? Sept ans après ce triomphe, nous trouvons le parti républicain profondément divisé. Les modérés sont sans action, opportunistes et radicaux s'entredéchìrent. A l'intérieur, le pays est de plus en plus partagé en deux camps. Au lieu de travailler à rallier à la République les esprits qui la repoussaient encore, le parti vainqueur a

poursuivi une politique de représailles impitoyables.
Il a porté la guerre jusque sur le plus sacré des
domaines : l'âme de l'enfance est devenue l'enjeu
des luttes politiques. Les intérêts matériels ne sont
pas moins compromis que les intérêts moraux ; la
détresse de nos finances a pris les plus inquiétan-
tes proportions. A l'extérieur, l'attention de la
France a été détournée de la formidable concen-
tration de forces qui la menace, et son drapeau
engagé en de lointaines aventures.

Je ne reviendrai pas sur les actes de l'Assemblée
qui a siégé du 14 octobre 1877 au 21 août 1881.
La guerre aux idées religieuses d'une partie considérable de la nation, sous prétexte de guerre au
cléricalisme, l'amnistie, le branle donné au gas-
pillage financier, tels sont les traits qui distingue-
ront son histoire. L'inspirateur principal de cette
politique, l'homme en qui le parti républicain
fondait ses espérances, a disparu, à temps peut-
être pour sa popularité. Ses amis lui ont fait des
funérailles plus bruyantes qu'empreintes d'une émo-
tion vraie ; je doute que la postérité tresse les mêmes couronnes à leur idole. Brillant chef d'opposition, le meilleur titre de Gambetta aux louanges
de l'histoire sera la part considérable qu'il a prise
à l'établissement des institutions actuelles. Il a certainement servi la cause de la France et de la dé-

mocratie, en amenant le parti républicain à voter la Constitution de 1875. Mais je me refuse à reconnaître les qualités éminentes de l'homme d'État au tribun qui a si imprudemment déchaîné les passions religieuses en ce pays, préparé le retour triomphal des assassins et des incendiaires au moment même ou la main brutale de la police expulsait de leurs maisons les frères des victimes de la commune, et lancé le pays dans la voie des dépenses déréglées. Gambetta a été l'âme de la première législature républicaine. J'ai rappelé l'œuvre à laquelle il l'a conviée et que trop docilement elle a faite sienne. Je n'insiste pas sur une histoire déjà vieille, et j'arrive aux actes de la seconde législature. Mon but est de les passer en revue en les caractérisant.

II

La meilleure mesure que l'on doive à l'Assemblée
qui va se séparer, celle qui prête le moins à la
critique, parce qu'elle porte moins qu'aucune autre
la marque de l'esprit de parti, c'est la loi muni-
cipale du 5 avril 1884. L'œuvre n'est pas parfaite
assurément; certaines de ses dispositions, celles
entre autres qui règlent les rapports de la commune
et de l'église, soulèvent des objections, mais l'ensemble constitue une législation libérale. Parmi
les gains, il faut inscrire la publicité des séances,
la liberté de réunion des conseils municipaux; la
loi nouvelle élargit le cercle de leurs attributions,
et accroît le nombre des questions sur lesquelles
ils statuent. Le principe de l'élection des maires
par les conseils a été maintenu; l'on pouvait craindre
que cette importante conquête ne fût remise en
question. L'unanimité entre les républicains était

loin d'être complète sur ce point : plus d'un voyait dans la nomination des maires par l'administration une garantie d'influence, un puissant moyen d'action, qu'il était imprudent d'abandonner. Gambetta notamment s'était toujours montré hostile à la renonciation volontaire à une arme aussi efficace.

Parmi les réformes accomplies par cette législature, il n'en est pas dont la portée soit plus considérable que l'établissement de la laïcité et de l'obligation réalisé par la loi du 28 mars 1882. Ces deux principes, je les accepte pleinement, mais je fais les réserves les plus formelles et sur les mobiles auxquels ont obéi les législateurs, et sur l'esprit qui a présidé à l'application de la loi.

Des trois termes de la formule, gratuité, laïcité, obligation, il en est un, le premier, que je repousse d'une façon absolue, parce qu'il est à la fois mensonger et funeste.

La gratuité est un leurre. Les services gratuits ne sont pas payés par ceux à qui ils profitent directement, mais ils le sont par tout le monde. C'est une aumône que quelques-uns se font faire par tous, l'individu est déchargé, mais le contribuable paie.

La laïcité et l'obligation au contraire se défendent par les raisons les plus fortes.

La laïcité est la conséquence du principe de la sécularisation de l'État. L'État, dans le conflit des opinions, est incompétent ; il ne doit être ni athée ni catholique, mais neutre.

L'obligation, sanctionnée par la loi, n'est pas une ingérence abusive dans le domaine de la famille, elle ne tend qu'à protéger le droit de l'enfant contre la négligence des siens.

Si le Parlement s'était borné à introduire ces deux principes dans la législation avec les ménagements commandés par les légitimes susceptibilités de l'autorité paternelle et de la conscience religieuse, il ne mériterait que des éloges. Pour être d'apparence modeste, la réforme a une portée immense, l'heure avait sonné de l'accomplir. Mais la faute, le crime de nos législateurs a été d'imprégner leur œuvre des passions irréligieuses qui les animent eux-mêmes. Ils restaient dans le droit en retirant au prêtre ses privilèges : en lui créant des obstacles, ils ont commis un révoltant abus de pouvoir. On voulait que l'école cessât d'être une succursale et une dépendance de l'église, soit, mais était-il permis d'en faire un foyer de propagande à rebours ? Il fallait enlever tout prétexte aux adversaires de la loi, en n'apportant aucune entrave à la distribution de l'enseignement religieux, il fallait surtout veiller avec une vigilance attentive, avec une implacable sévérité à ce que le fanatisme ne cédât pas à la tentation de substituer l'irréligion d'État à la religion d'État (1).

Les auteurs de la loi du 28 mars lui ont encore assigné une autre fonction : par l'enseignement civique qu'elle a inauguré, elle est destinée à enrôler dans un parti les jeunes intelligences et à propager le culte de la révolution, poussé jusqu'à la superstition. Suivant les nouveaux maîtres de la jeunesse, tout dans le passé est à condamner, mais en revanche l'œuvre de la révolution est sans tache et sans mélange d'éléments répréhensibles. On le voit, l'objectif est toujours le même : imposer

---

(1) Dans sa séance du 4 mars 1884, la Commission de l'enseignement du Conseil municipal de Paris a pris une décision invitant l'administration à mettre dans les bibliothèques scolaires le *Manuel d'instruction laïque* de M. Edgard Monteil. L'auteur de ce petit volume, conseiller municipal de Paris, enseigne que le christianisme « a constitué un énorme recul pour l'humanité », qu'il a « reculé la civilisation de plus de quinze siècles ». C'est le même conseil qui prétend supprimer tout livre où se trouve le nom de Dieu. Le directeur de l'enseignement, présent à la séance où M. Dreyfus développe cette proposition, ne fait entendre aucune protestation. En 1882, M. Duvaux étant ministre de l'instruction publique, un autre conseiller municipal de Paris, M. Gattiaux, a pu tenir impunément à une distribution de prix le langage suivant : « *On vous a dit, tout à l'heure, que nous avions chassé Dieu de l'école; c'est une erreur : on ne peut chasser que ce qui existe, or, Dieu n'existe pas.* » Le pouvoir qui tolère de semblables manifestations est-il fondé à dire que la neutralité de l'école n'est pas violée ?

une doctrine d'État, confisquer au profit des cote-
ries l'âme de l'enfance ; est-il une tentative plus
digne de réprobation?

La campagne poursuivie pour couler tous les
esprits dans un moule uniforme n'est qu'un épi-
sode d'une entreprise beaucoup plus vaste. C'est
l'Église que vise le fanatisme irréligieux de nos
législateurs. La guerre au cléricalisme n'a été qu'un
prétexte : le catholicisme, c'est-à-dire la religion
de la majorité de la nation, voilà l'ennemi qu'ils
veulent atteindre et détruire. Ils s'acharnent, non
seulement à lui retirer les faveurs de l'État, ce
qui est légitime, mais encore à le dépouiller de
tout moyen d'action, ce qui est une inique atteinte
à la liberté de conscience.

Qui dit : sécularisation, dit : séparation de l'Église
et de l'État. La séparation n'est que l'application
du principe général qui est la base de l'État
moderne.

Je suis de ceux qui pensent que l'Église et l'État
se trouveraient également bien de la rupture des
liens qui les enchaînent l'un à l'autre. L'Église y
gagnerait la jouissance du premier des biens, l'indépendance ; l'État serait allégé d'un service au-
quel il est essentiellement impropre. La conception
libérale de la séparation se ramène à ceci : retour
au droit commun, liberté pour l'Église. Mais il est

une autre manière d'entendre la séparation qui fait
tort à la première, c'est celle qui est bruyamment
réclamée par les plus ardents adversaires de
l'Église. Le régime dont ils la menacent consis-
terait en même temps à la priver de ses avantages
et à la mettre hors la loi. Ces tendances expli-
quent la répulsion à laquelle se heurtent les partisans de la liberté, quand ils veulent persuader à
l'Église de renoncer à une situation qui n'est pri-
vilégiée qu'en apparence.

De bons esprits pensent que le moment n'est pas
encore venu de faire passer la séparation du domaine des idées dans le domaine des faits. Je
suis pénétré d'une conviction contraire. Selon moi,
il ne serait que temps de préparer cette évolution
nécessaire. Évidemment, la transformation ne
saurait être brusque. Les liens ne doivent pas
être tranchés, mais dénoués progressivement. La
séparation est l'idéal qu'il faut toujours avoir en
vue, c'est dans ce sens qu'il faut orienter la politique religieuse. Un pas décisif dans cette voie aura
été fait le jour où la loi reconnaîtra la liberté
d'association.

En attendant, quelle politique convient-il de
suivre? Il n'y en a qu'une de sensée et d'équitable,
la loyale observation du concordat. C'est de celle-
là précisément que la majorité s'écarte de plus en
plus. Elle entend maintenir le concordat, mais
pour en faire un instrument de servitude et d'op-

pression. Si l'on prend la série des mesures à l'étude ou déjà votées, on verra quelles menaces le fanatisme irréligieux tient suspendues sur la tête de l'Église : entraves mises au recrutement du clergé par l'obligation du service militaire, réduction du budget des cultes, reprise d'édifices affectés à des services religieux, suppression de tous les emblèmes pieux dans les lieux publics, dissolution des congrégations, retour à l'État de tous les biens d'Église, expulsion du prêtre des écoles, des hôpitaux et des bureaux de bienfaisance. Quoi de plus contraire à la lettre et à l'esprit du concordat que ces privations arbitraires de traitement prononcées contre les membres du clergé? Illégale, la mesure l'est sans conteste à l'égard des évêques et des curés, malgré la consultation de complaisance délivrée par le conseil d'État. En ce qui concerne les desservants, si la question juridique est controversable, au point de vue de la loyauté, la mesure est jugée : est-il rien de plus odieux que de placer de malheureux prêtres dans l'alternative de manquer à leur devoir en désobéissant à leur évêque, ou de mourir de faim?

Quant à la suppression de la dispense militaire, ce qui m'occupe, ce n'est pas l'intérêt des clercs, c'est la désorganisation qui en résultera pour un grand service public.

Une belle tâche s'offrait à l'Assemblée actuelle.

Sa devancière, c'est une justice qu'il faut lui rendre, les libéraux ont trop de griefs contre elle pour ne pas reconnaître ses mérites à l'occasion, sa devancière, dis-je, avait renouvelé dans un esprit largement libéral la législation sur la presse et sur le droit de réunion. En matière de presse, elle a même été un peu loin, et la liberté absolue de l'affichage appellerait des réserves. On résumera les avantages des lois sur le droit de réunion, du 30 juin 1881, et sur la liberté de la presse, du 29 juillet 1881, en disant qu'elles ont substitué la répression à la prévention, et aboli l'autorisation préalable. L'assemblée actuelle aurait dû et pu étendre le même régime au droit d'association. Par haine encore plus que par peur des congrégations, elle ne l'a pas fait. Le Sénat, perdant l'occasion d'opposer l'exemple du libéralisme à l'intolérance de la Chambre, a rejeté le projet de M. Dufaure malgré l'éloquence déployée par Jules Simon. Les garanties les plus sérieuses étaient cependant prises contre le péril imaginaire du développement des ordres religieux. Le parlement s'est borné à faire une législation de classe, à donner la liberté d'association à une catégorie de citoyens en la refusant aux autres. La loi sur les syndicats professionnels est mauvaise, non parce qu'elle garantit aux patrons et aux ouvriers la faculté de s'associer, mais parce qu'elle ne la garantit qu'à eux; c'est une loi de privilège.

J'aborde maintenant la série des mesures franchement mauvaises. Ce sont celles qu'a dictées l'esprit de parti, et qui n'ont pas pour but l'intérêt général, mais la consolidation du pouvoir d'une coterie. Au premier rang figurent la loi sur la réforme judiciaire et la révision.

La loi sur la réforme judiciaire n'a pas été une loi de réorganisation, ce n'est qu'une loi de personnes. Elle n'est point née de la volonté de mieux garantir les grands intérêts de la justice; ses auteurs n'ont songé qu'à assouvir leurs vengeances et à achever la conquête des dernières dépouilles soustraites à leurs convoitises. Après les paroles prononcées par M. Jules Ferry dans la séance du Sénat du 28 juillet 1883 (1), il est difficile de ne pas voir dans cette entreprise la revanche des exécuteurs des décrets sur ceux qui avaient accueilli la plainte des victimes.

La réforme judiciaire soulève de nombreux problèmes. Le nœud de la question, c'est le choix des magistrats.

L'élection anéantit l'indépendance de l'élu, elle peuple les prétoires de médiocrités; elle investit

---

« (1) Je fais allusion à cette grande lutte de l'autorité civile de l'État contre les congrégations révoltées; on a constaté que bien rarement alors la justice fut du côté de l'autorité civile. »

la majorité du droit redoutable de faire et les lois
et les juges.

La nomination par le pouvoir exécutif est en
fait un système presqu'aussi mauvais. Tous les
sièges, depuis le plus élevé jusqu'à la dernière
justice de paix, sont donnés à la faveur et à la
camaraderie, tous deviennent le prix des services
politiques.

La meilleure garantie d'un bon recrutement du
personnel judiciaire ne semble pouvoir se trouver
que dans le correctif des listes de présentation
tempérant le droit de nomination du Pouvoir exécutif.

Dans une démocratie, le pouvoir judiciaire a un
rôle capital. Lui seul est capable d'arrêter les en-
treprises des majorités omnipotentes et d'assurer
le respect du droit individuel. Il n'y a pas de pro-
blème plus essentiel que la constitution d'un corps
judiciaire éclairé et indépendant, soustrait aux influences de la politique. La loi du 30 août 1883 a
aggravé les inconvénients de la nomination par le
pouvoir exécutif, en suspendant l'inamovibilité. Le
parti qui en a la responsabilité, ne se saurait laver
du reproche d'avoir voulu « réduire le magistrat à
» n'être qu'un fonctionnaire nommé par le Pouvoir
» et pouvant être destitué lorsqu'il a cessé de re-
» présenter les opinions politiques de la majo-
» rité. »

Le même vice, l'âpreté de l'esprit de parti, entache la loi de révision.

Le pays que l'on fait si facilement parler, au fond, se souciait peu de la révision. L'avantage d'enlever une arme à l'extrême gauche ne compensait pas l'inconvénient d'ouvrir la première brèche à la Constitution de 1875, qui, si décriée qu'elle ait été, a cependant permis au parti républicain de s'emparer légalement de tous les points stratégiques du terrain politique.

La loi du 14 août 1884 consacre quatre points, la suppression des prières publiques, l'inamovibilité de la République, l'inéligibilité des princes, la rentrée de la loi électorale du Sénat dans la catégorie de celles que l'on peut changer sans mettre en mouvement tout l'appareil constitutionnel. Cette disposition est de beaucoup la plus importante. Elle a abouti à la loi du 9 décembre.

Le seul mérite de la révision est purement négatif, les droits financiers du Sénat en sont sortis intacts. Le gouvernement avait songé à extraire l'article 8 des textes constitutionnels, il y a renoncé par la crainte que l'attachement du Sénat à ses prérogatives ne compromît la révision tout entière. Il aurait fallu mieux faire encore, et insérer dans la Constitution un article réservant au gouvernement le droit d'initiative en matière de crédits.

La nouvelle loi électorale du Sénat, promulguée

le 9 décembre 1884, contient deux innovations importantes, les inamovibles sont supprimés et le corps électoral sénatorial reçoit de l'extension.

S'il faut une seconde Chambre pour préserver le pays des entraînements d'une assemblée unique, il est indispensable de la faire sortir d'un corps électoral spécial, sans quoi cette garantie perdrait toute sa valeur. Donc, pas de recrutement du Sénat par le suffrage universel. On reprochait au système en vigueur de donner à chaque commune, quelle que fut son importance, un délégué unique, et d'attribuer le même poids dans la balance au vote de Paris et au vote de la plus petite agglomération rurale. Pour échapper à toutes les critiques, il ne restait plus qu'à conférer le droit électoral à tous les conseillers municipaux : en effet, pourquoi faire voter les conseils municipaux par délégation, alors que tous les membres des conseils généraux et d'arrondissement sont investis du droit de vote direct? Tel était, si l'on écartait et le suffrage universel et l'attribution à chaque conseil d'un délégué unique, le seul système rationnel. On l'a cependant rejeté pour attribuer à chaque conseil un nombre de délégués variant suivant une échelle de proportion absolument arbitraire.

Le grand tort de la révision, ça été de supprimer les inamovibles. La mesure est essentiellement contraire aux vrais intérêts de la démocratie.

Le triomphe de la médiocrité, voilà le péril du

jour. L'élection par le Sénat du quart de ses membres lui permettait de réparer les erreurs du suffrage
universel, et d'ouvrir l'accès de la vie publique
aux hommes éminents, impropres par l'élévation
même de leur talent et de leur caractère à la vulgarité
de la besogne électorale.

L'institution présentait un caractère aristocra-
tique, c'était bien pour cela qu'il fallait la maintenir. « Toute démocratie sage doit favoriser chez
elle les institutions aristocratiques. » Quel est
l'auteur de cette parole ? Est-ce une voix suspecte ?
Non, c'est le sage Littré.

Avec une parfaite clairvoyance, l'éminent pen-
seur signale à la démocratie, la servant mieux en
cela que ses adulateurs ordinaires, les dangers de
sa nature, qui sont « les tendances à une égalité
mauvaise, la jalousie des supériorités réelles, la
médiocrité générale, l'abaissement des esprits,
l'inhabile gestion des affaires (1). »

---

(1) De l'établissement de la troisième République. 517. —
« L'aristocratie dans la démocratie se compose de tout ce qui
a lumière, habileté, autorité, les grands propriétaires, les
grands industriels, les hommes formés dans les services militaires et administratifs, les savants, les médecins, les notaires,
les ouvriers éminents. La sagesse démocratique se confie à
eux, la jalousie démagogique les suspecte et les écarte. Il
dépend du biais qui est donné à l'organisation politique pour
qu'ils soient ou appelés ou écartés. » *Ibid*. 518.

La révision n'a été qu'un expédient électoral. Je n'hésite pas, quelqu'étrange que le rapprochement puisse sembler, à appliquer la même qualification aux lois en apparence étrangères à la politique, qui ont relevé les droits sur les produits agricoles, blé et bestiaux. Dans un cas comme dans l'autre, la pensée mère d'où sont sortis ces projets d'ordre si différent a été la même, le mobile a été moins l'intérêt général qu'un intérêt de parti. Le gouvernement qui a proposé le relèvement des droits, le Parlement qui l'a voté, l'opposition même qui a appuyé la proposition, tout le monde a cédé à l'obsession de l'échéance électorale prochaine.

L'agriculture n'a point échappé à la crise dont souffre le monde économique tout entier. Élévation du prix de revient, d'une part, de l'autre, diminution du prix de vente, elle se trouve prise entre ces deux difficultés.

L'opposition s'est empressée de se faire contre les institutions une arme d'un état de choses qui n'est pas particulier à ce pays.

En France, nous montrons un fâcheux penchant à mettre dans le gouvernement toutes nos espérances et à nous en prendre à lui de toutes nos déceptions. Peu compter sur soi-même, tout attendre de l'Etat, il n'est pas de tendance plus enracinée et plus regrettable. L'opposition faisant remonter jusqu'à lui la responsabilité de la crise, le gouvernement a pris peur, et voilà comment, pour gagner de vitesse ses adversaïres dans une lutte dont l'enjeu n'était rien moins que la victoire électorale, il a proposé le relèvement des droits.

Quant au fond même de la question, la mesure est mauvaise et condamnée par la justice. Le relèvement des droits équivaut à prendre de l'argent dans la poche de l'un pour le mettre dans la poche de l'autre, à prendre des sous dans la poche de tous pour mettre de l'or dans la poche de quelques-uns ; il force le consommateur à acheter cher en deça de cette ligne idéale qui s'appelle la frontière, les produits qu'il achèterait bon marché au delà, il l'astreint, par une véritable spoliation légale, à payer au producteur un impôt qui n'est dû qu'à l'État.

J'entends le raisonnement que font les partisans de la mesure. Il est impossible de nier que les petits et les humbles paieront plus cher leur pain et surtout leur viande, qui était déjà d'un prix bien élevé. Mais, dit-on, on leur rendra ce qu'on leur prend. L'agriculture, soulagée, augmentera sa demande de produits industriels; finalement la mesure profitera à tout le monde, aux spoliés comme aux spoliateurs.

C'est le sophisme des ricochets si éloquemment dénoncé par Bastiat. Il est facile de répondre que les conséquences de la spoliation, si bienfaisantes qu'on les suppose, ne sauraient legitimer le fait même de la spoliation. Pourquoi, du reste, les pauvres ne viendraient-ils pas tenir aux riches un langage analogue?

« Nous sommes, pourraient-ils dire à leur tour,
» maîtres par le nombre de l'appareil législatif ;
» nous allons en profiter pour élever d'autorité le
» prix de notre travail, mais rassurez-vous, riches,
» vous n'y perdrez point : nous consommerons
» plus de produits industriels, et cela vous profitera,
» à vous capitalistes, détenteurs des usines et des
» manufactures ; nous consommerons plus de pro-
» duits agricoles, et cela accroîtra vos revenus, à
» vous, propriétaires fonciers. »

Le relèvement des droits, destiné à apaiser la crise agricole, aura pour conséquence d'envenimer la crise industrielle.

D'abord il provoquera de la part des nations atteintes l'adoption de mesures de représailles qui restreindront la liberté des débouchés. Car tels seront les résultats complets de l'évolution protectionniste à laquelle nous assistons : restriction pour le consommateur national de la liberté des marchés, restriction pour le producteur de la liberté des débouchés.

Puis l'élévation du coût de la vie aura forcément pour corollaire l'élévation des salaires. Si vous faites payer plus cher aux ouvriers le pain et la viande, il faut bien qu'ils retrouvent dans leurs salaires de quoi solder la différence. Le coût de

la vie est un des régulateurs du taux des salaires.
La hausse des subsistances amènera donc la hausse
des salaires. Mais de quoi se plaint précisément
l'industrie nationale? De ne pouvoir lutter avec la
concurrence étrangère à cause de l'élévation des
prix de revient. Hausse des subsistances, hausse
des salaires, hausse du prix de revient, tout s'en-
chaîne. La clientèle étrangère échappera de plus en
plus à l'industrie nationale.

Est-ce à dire que les pouvoirs publics ne puissent rien pour l'agriculture ? Je ne le prétends
pas, au contraire. L'agriculture doit d'abord compter
sur elle même pour se tirer d'affaire, mais elle a
aussi des satisfactions à réclamer de l'État. Le poids
des impôts l'écrase. C'était sur ce point qu'il fallait
porter l'effort des revendications. L'heure des dé-
grèvements est passée, pour longtemps sans doute.
Quand elle reviendra, l'agriculture doit poursuivre en premier lieu la réduction de droits de
mutation. Elle peut veiller en attendant à ce que
les pouvoirs locaux n'augmentent pas le nombre
des centimes additionnels. Cela, avec l'organisation du crédit agricole, voilà tout ce que l'agriculture peut attendre de l'État. Pour tout le reste,
c'est affaire à elle. Restreindre les cultures moins
productives, développer celles auxquelles son terrain
est le plus apte, augmenter ses engrais, améliorer
ses semences, recourir aux machines, à l'association,
voilà la seule voie de salut qui s'offre à l'agriculteur.

Le plus grand péril peut-être qui menace l'agriculture, mais sur ce point l'impuissance de la législation est absolue, c'est la dépopulation. Je ne sache pas que personne, dans la discussion parlementaire, y ait fait allusion. Le sujet est trop grave pour ne pas autoriser une courte digression.

Les chiffres suivants sont empruntés aux remarquables études de M. Charles Richet sur l'accroissement de la population française ; le mal qu'ils révèlent appelle la plus sérieuse attention.

De 1831 à 1881, la population française est passée de 32,569,223 à 37,321,186 âmes, soit un gain total de 4,751,963, et un accroissement annuel absolu de 95,039. Comparant notre pays aux principales nations civilisées, on a pour l'accroissement annuel le tableau suivant :

France (moyenne de cinquante ans)..	95.039
Royaume-Uni (moyenne des dix dernières années)......................	340.118
Allemagne (moyenne des cinq dernières années)......................	493.360
États-Unis (moyenne des dix dernières années)......................	1.115.446

Si maintenant l'on rapporte l'accroissement annuel au chiffre de la population, la proportion s'établit comme ci-dessous pour 10,000 habitants :

France................................   26
Royaume-Uni.........................   101
Allemagne...........................   115
États-Unis..........................   260

Le publiciste dont je résume le travail, établit ensuite que le ralentissement qui se remarque dans l'accroissement de la population, ne tient pas à une mortalité trop forte, mais que la vraie cause en est la diminution de la natalité. Si l'on calcule combien il y a de naissances sur 1000 habitants, voici les résultats:

France......	26 naissances sur 1000 habitants.		
Suisse	30	—	—	—
Danemarck..	31	—	—	—
Norwège	31	—	—	—
Belgique	32	—	—	—
Angleterre...	35	—	—	—
Autriche	38	—	—	—
Prusse......	38.5	—	—	—
Saxe........	40	—	—	—
Russie	50	—	—	—

Si, au lieu de rapporter le nombre des naissances au nombre des habitants, on le rapporte aux mariages, on trouve qu'il y a :

en Allemagne, 5 enfants par ménage,
en Angleterre, 4,79.
et en France, 3,31 seulement.

Voilà le grand fait qui s'impose aux méditations de tous ceux qui s'intéressent non seulement à l'agriculture, mais encore à l'avenir de la patrie française. Supposons, en effet, avec l'auteur des mêmes études, que l'accroissement annuel de chaque peuple suive la même marche pendant un demi-siècle encore. En 1789, nous étions au premier rang pour la population : en 1932, nous serons tombés au cinquième, et avec quel écart ! C'est ce qui ressort avec la plus inquiétante évidence du tableau ci-dessous :

Population en millions d'hommes.

	1789	1882	1932
France	26	37	44
Allemagne (Autriche et Prusse)	28	84	134
Russie	25	90	158
Angleterre	12	36	63
États-Unis	3	52	190

Dans le retour à la protection, j'ai dénoncé le vice d'une législation de classe ; il faut remonter à la source du mal. Les mesures récemment votées ne sont que l'application d'une doctrine sur la fonction de l'État qui domine à leur insu

la plupart des esprits : je veux parler du socialisme d'État. J'appelle ainsi la tendance à faire
de l'État le grand ressort de la vie sociale. Dans
ce système, ce n'est pas de l'individu, mais de
l'État que l'initiative doit partir. L'État est le
principal moteur du progrès, l'individu étant sup-
posé incapable de prévoir, de se défendre contre
les éventualités de l'existence. C'est à l'Etat à se
mettre à sa place, à agir pour lui, au besoin par
contrainte. Les Anglais résument cette théorie
d'un mot, c'est le *State-help*, opposé au *Self-help*.
Il n'est pas de doctrine plus dangereuse, et pour
l'individu qu'elle énerve et avilit, et pour l'Etat
dont elle enfle démesurément les attributions. Le
protectionnisme en est une dérivation.

Le socialisme d'Etat présente deux caractères
particuliers.

Les doctrines socialistes rencontrent aujourd'hui
moins de faveur auprès des ouvriers, qui com-
mencent à s'apercevoir que l'association est le
plus puissant outil de régénération; elles sont
reprises par les sommités de la hiérarchie sociale.
C'est d'en haut que part le branle.

Cette tendance n'est pas spéciale à un peuple, la
plupart des nations civilisées en sont travaillées. En
Allemagne le grand chancelier dépense une incroyable
énergie à appliquer les principes du socialisme de
la chaire. La législation terrienne irlandaise est
tout imprégnée de cet esprit. Notre pays n'est pas

moins menacé. Gambetta, dont la provision d'idées originales au fond était si pauvre, penchait de ce côté. J. Ferry, plus clairvoyant, assigne cependant à l'État le rôle de « surintendant naturel de la prévoyance sociale ». Dans le Parlement, le socialisme d'État compte des adhérents jusque dans la droite, à commencer par M. de Mun, qui s'y rattache en invitant les classses inférieures à s'abandonner au patronage des classes supérieures, et en chargeant les secondes de régler le sort des premières. Veillons, car là est le danger: l'absorption de l'individu par l'État.

J'admets que la seule fonction de l'État ne saurait être de garantir la sécurité et la justice, et qu'il doive se faire agent de progrès. C'est une question de mesure, mais elle est capitale. Ne laissons intervenir l'État que là où l'initiative privée fait absolument défaut. Qu'il se retire sitôt qu'elle entre en jeu, et qu'il soit sans cesse occupé lui-même à préparer sa retraite.

L'État ne peut pas être le refuge des indolents et des incapables, à quelque degré qu'ils soient placés de l'échelle sociale. Il doit à tous la justice, il ne doit à personne la richesse et le bonheur. La doctrine de l'État-Providence accroît indéfiniment le poids de la machine gouvernementale. Elle prépare en silence la création d'une nouvelle classe de privilégiés, le quatrième état, l'état ouvrier; il n'est pas de dissolvant plus actif de l'énergie individuelle, cet élément vital de la force des nations.

.

J'arrive à l'examen des fautes les plus manifestes, les plus criantes du parti au pouvoir. Celles dont j'ai parlé jusqu'à présent ne sont pas de nature à beaucoup émouvoir les masses. Qu'importent à la foule la campagne irréligieuse, la revision ou la réforme judiciaire? Elle n'est point amoureuse de liberté, surtout de la liberté des autres, et elle ne se préoccupe pas des questions d'organisation constitutionnelle, qui lui semblent la toucher si peu. Mais que ses intérêts matériels soient menacés, la situation change et son attention s'éveille. Les embarras de nos finances, les expéditions lointaines ont fortement frappé l'imagination populaire.

Deux causes ont donné naissance à la crise financière à laquelle nous sommes en proie : la prédominance de la politique des intérêts électoraux, l'empire d'une idée fausse sur les fonctions de l'État. A la source du mal on retrouve toujours cette conception erronée du rôle de l'État, origine de tant de fautes. On ne saurait trop le répéter, car là est un des périls de notre société, il n'est pas

de principe plus pernicieux que la doctrine de
l'État factotum universel. C'est la ruine des res-
sorts sociaux ; elle atrophie les uns et elle tend
les autres à l'excès. Au point de vue spécial des
finances, elle est une cause d'épuisement, en
mettant à la charge de l'État des services qui
seraient du domaine de l'entreprise privée.

Les détails de la situation financière sont trop
connus pour qu'il soit nécessaire de s'y appesantir ;
je les résumerai brièvement.

Le fait qui frappe d'abord, c'est l'augmentation
déraisonnable des dépenses. Le budget de 1885
s'élève à 3 milliards 48 millions. Le budget de
1876, voté par la loi du 11 août 1875, ne montait
qu'à 2 milliards 575 millions. L'écart entre les
deux est donc de 473 millions, auxquels il convient
d'ajouter les 208 millions du budget extraordinaire,
ce qui veut dire que pour son ménage la France,
en 1885, dépense 681 millions de francs de plus
qu'en 1876.

L'accroissement de la Dette publique n'a pas
suivi une progression moins inquiétante. Le capital
aujourd'hui n'en saurait être évalué à moins de 29
à 30 milliards. Le service de la Dette perpétuelle
exige 705 millions de rentes, de l'Amortissable, 144
millions, au total 850 millions. Les capitaux rem-
boursables à divers titres sont inscrits au
budget pour 261 millions, les rentes viagères,
parmi lesquelles figure cette scandaleuse dotation

de 8,240,000 fr. au profit des victimes du Deux-
Décembre, pour 166 millions. Ajoutez à cela une
dette flottante qui dépasse 1 milliard. « D'après
» les évaluations les plus judicieuses, dit Leroy-
» Beaulieu, la richesse tant mobilière qu'immobi-
» lière de la France monterait à 150 ou 170 mil-
» liards de francs au maximum ; la dette publique
» serait donc avec l'ensemble de la fortune des
» Français dans le rapport de 1 à 6. Les intérêts
» de notre dette prélèvent 43 0/0 de toutes nos
» ressources budgétaires (1).

Il est intéressant de se rendre compte des étapes
parcourues par la dette publique. Après la ban-
queroute partielle consacrée par la loi du 9 ven-
démiaire an VI, les arrérages de la dette nationale
ne montaient plus qu'à 40,216,000. Ils se sont éle-
vés successivement à 63,307,637 fr. au 1er avril
1814, — à 164 millions et demi au 1er août 1830,
— à 177 millions en février 1848, — à 231 millions
en 1852, — à 360 millions avant la guerre de 1870.
Aujourd'hui l'État doit payer rien que pour les
intérêts de la dette consolidée, 850 millions. Le
parti régnant a, pour sa part, rouvert quatre fois
le grand livre : émission de 440 millions d'amortissable en 1878, de 1 milliard en 1881, de 1,200
millions en 1882, pour la consolidation des fonds

____

(1) *Science des finances*, tome II, 581.

des caisses d'épargne, de 300 millions en 1884, au total plus de 3 milliards en pleine paix, sans parler des emprunts occultes. Sommes-nous au bout? Non pas, car voici que les plus experts en pareille matière déclarent un nouvel appel au crédit de 12 à 1,500 millions indispensable pour liquider la situation actuelle. Cette opération n'est retardée que par l'échéance électorale.

Il n'est que temps de s'arrêter en cette voie, c'est l'intérêt supérieur de la patrie qui le commande. Les moindres complications pourraient transformer en désastre une situation pleine de périls. De bonnes finances n'importent pas moins à la sécurité d'un pays qu'à sa prospérité. Nos mandataires compromettraient l'avenir même de la France s'ils s'obstinaient dans de pareils erre-ments. L'opinion est avertie : il lui appartient d'exercer sur les pouvoirs publics une pression énergique. Des efforts ont déjà été faits ; il en faut de bien autrement sérieux pour remettre nos finances en équilibre.

La conversion a marqué la première tentative de retour aux saines traditions. L'ignorance seule ou la mauvaise foi en ont pu contester la légitimité. Elle n'a eu que le tort d'arriver trop tard et de se présenter avec les apparences d'un expédient.

Ensuite sont venues les conventions avec les compagnies de chemins de fer. Elles ont soulagé l'État d'une partie de sa tâche, mais il ne faut point oublier qu'elles ont mis à son compte l'intérêt et l'amortissement des sommes avancées par les compagnies, et que ces annuités iront toujours en croissant.

Aujourd'hui, il s'agit d'augmenter nos recettes par la création de nouveaux impôts qui seront le don de joyeux avènement des législateurs de demain, et de diminuer nos dépenses. Phénomène remarquable en même temps que consolant, ce n'est pas le contribuable qui fait défaut au budget, ce sont les prétentions du budget qui sont excessives. Le rendement des revenus et impôts indirects reste sans doute au-dessous des évaluations budgétaires, parce qu'elles sont exagérées, mais il croît d'une année à l'autre. Si les recouvrements pour les quatre premiers mois de 1885 sont inférieurs aux prévisions de plus de 10 millions, ils sont supérieurs de 3,514,000 aux recettes des quatre premiers mois de l'année passée. Ce ne sont donc pas les revenus qui faiblissent, ce sont les dépenses qui enflent démesurément.

La vente du réseau de l'Etat est une nécessité qui s'impose. L'entreprise a absorbé 915 millions, le revenu net ne dépasse pas 2,936,000 fr., et encore n'est-il qu'apparent; il se changerait en déficit si l'on observait les règles de la comptabilité en matière de chemins de fer, si par exemple l'on portait au compte de l'exploitation tous les frais de personnel et d'entretien de la voie. Sans doute les tarifs ont été réduits, mais la perte qui en résulte retombe finalement sur le contribuable; il s'agit de savoir si les frais doivent être supportés par le contribuable ou par ceux à qui profitent les transports.

Non moins urgente est la liquidation du budget extraordinaire et de toutes ces caisses qui ne s'alimentent que par l'emprunt, caisse des écoles, caisse des chemins vicinaux.

Les caisses d'épargne sont devenues le plus dangereux des instruments de trésorerie. Au 31 décembre 1884, le nombre des livrets était de 4,704,452, représentant une valeur totale de 2,025,280,640 francs. Peut-on songer sans effroi que cette somme est toujours exigible, que l'État est perpétuellement sous le coup d'une demande en remboursement de cette importance? Dans l'intérêt des déposants et du Trésor, que l'on se hâte d'accorder aux caisses une autonomie qui leur laisse, comme cela se pratique à l'étranger, plus de liberté pour le placement de leurs fonds.

Tous nos embarras intérieurs passent au second plan quand on considère notre situation extérieure, ou plutôt ils empruntent une gravité nouvelle à cette situation, en ce qu'ils nous laissent moins de liberté pour parer au péril étranger. Jamais peut-être la France n'a traversé une crise aussi redoutable. On ne saurait jeter les yeux hors des frontières sans se sentir envahi par de patriotiques angoisses. Les adversaires de la patrie ne désarmeront qu'après avoir achevé sa ruine : je cherche en vain ses amis. La Russie, la seule puissance dont les intérêts soient identiques aux nôtres, s'annule en s'enfonçant en Asie. L'Autriche est inféodée à l'Allemagne; tout le bénéfice de la guerre russo-turque a été pour l'homme d'État qui, poussant vers l'Orient la monarchie austro-hongroise, a jeté entre Habsbourg et Romanoff les germes d'un irréconciliable antagonisme. L'Italie est liée à Berlin par une communauté d'intérêts plus solide que tous les traités; elle aspire à la suprématie dans la Méditerranée. Un étroit esprit de jalousie, qui fait de son alliance une duperie, n'a jamais cessé d'animer l'Angleterre à notre égard; elle s'applique à envenimer tous les différends où nous sommes engagés, en Chine, à Madagascar. L'Espagne garde peut-être encore le ressentiment de l'outrage infligé à son roi par la populace parisienne. Il n'est pas jusqu'à la Turquie, notre plus ancienne alliée des temps prospères, dont nous n'ayons perdu les sympathies par notre attitude au Congrès de Berlin. L'influence allemande est devenue prépondérante à Constantinople; le sultan, aux mains que l'on sait, peut devenir un dangereux instrument.

La France est donc véritablement en état de

blocus diplomatique. De toutes parts l'implacable
ennemi pousse ses tranchées et avance ses paral-
lèles. Le cercle d'investissement est complet. Certes
il ne saurait venir à l'esprit d'aucun homme de
bonne foi d'imputer la responsabilité de cette
situation au parti dominant. S'il l'a aggravée, il
ne l'a point créée ; l'origine en est plus lointaine.
L'auteur de cette déchéance, c'est Napoléon III.
C'est la détestable politique du second empire qui
a précipité la France du premier rang où l'avait
poussée l'effort de tant de siècles, et porté un
coup mortel à sa grandeur et à sa sécurité ! Si
quelque humiliation fait rougir notre front, quand
la nécessité du recueillement nous inflige l'amère
obligation d'avouer notre impuissance à l'ancienne
clientèle de la France, c'est à l'empire que je
m'en prends, c'est contre lui que je tourne ma
colère et ma haine. Voilà la part du passé dans
cette diminution de notre prestige, et elle est capitale ; faisons maintenant celle du présent.

Le premier grief qui se dresse contre le parti
régnant, c'est l'instabilité ministérielle. La France
n'a plus de politique extérieure ; comment en pourrait-elle avoir avec d'incessants changements de
ministères ? La politique extérieure demande la
persévérance dans les desseins, la vue claire d'un
but à atteindre, la coordination des efforts. Ces
qualités sont incompatibles avec le régime parlementaire, tel qu'il est pratiqué. Ses misérables

passions font oublier à la majorité l'étranger qui nous guette. En 1883, la question des princes l'absorbe plus d'un mois ; notre politique extérieure reste sans direction du 28 janvier, date de la démission du cabinet Duclerc, au 21 février, date de la constitution du cabinet Ferry. Plus récemment n'avons-nous pas vu, après le honteux effarement causé par l'incident de Lang-Son, la question de la répartition des portefeuilles primer la question chinoise ? L'attention n'était plus au Tonkin, l'intérêt était de savoir qui l'emporterait, de l'Union républicaine ou de la Gauche radicale. L'esprit de parti va plus loin encore ; il n'hésite pas, pour atteindre un adversaire, à provoquer des complications avec l'étranger. Une manifestation dirigée contre le roi d'Espagne, a pu trouver appui jusque dans l'entourage même du Président de la République. Par haine pour Jules Ferry, dont la conduite dans tout cet incident a été d'une irréprochable correction, des hommes politiques n'ont pas craint de s'associer à la responsabilité de l'insulte faite à l'Espagne en la personne de son roi, au risque de compromettre nos relations avec un pays qui, dans l'origine de la guerre de 1870, a eu le rôle que l'on n'a pas oublié. Et cela dans quel moment ? quelques mois après les révélations sur la triple alliance, quelques jours après le retentissant article de la *Gazette de l'Allemagne du Nord !*

Le second grief contre la majorité c'est d'avoir

entretenu et envenimé les divisions dans le pays. Quand on est en présence de l'ennemi, il tombe sous le sens que le premier besoin, c'est l'union. Toute politique qui tend à la rompre, non seulement à la rompre, mais à séparer la nation en deux camps, les oppresseurs et les opprimés, est un crime de lèse-patrie. A ce titre, la campagne irréligieuse mérite une nouvelle condamnation. Le parti qui est arrivé aux affaires en 1879 devait s'appliquer à apaiser nos querelles intérieures, à cimenter l'accord entre les classes : au lieu de cela, il a déclaré la guerre à toute une catégorie de citoyens, à tous ceux qui en matière religieuse ne pensaient pas comme lui. Politique détestable en tout temps, sacrilège en présence de l'ennemi !

Telles sont les critiques générales que provoque l'attitude du parti régnant au point de vue de la politique extérieure. Descendons dans le détail et examinons rapidement les événements qui remplissent l'histoire diplomatique depuis le début de la Législature actuelle jusqu'au moment présent.

La France, pendant cette période, n'a pas eu de politique continentale, mais elle a eu une politique méditérranéenne et une politique coloniale. A la première se rattachent l'établissement de notre protectorat à Tunis et l'abandon de l'Égypte ; à la seconde l'expédition du Tonkin.

L'abandon de l'Égypte n'a pas été le fait d'une politique brillante. Nous avions en ce pays une

colonie importante, des capitaux français considé-
rables y sont engagés ; la liberté du canal de Suez
est une question vitale pour nos colonies de l'Ex-
trême-Orient. Mais que faire? Doit-on poursuivre
une politique d'action, si l'on n'a pas les moyens
de la soutenir, au besoin par les armes? Les
moyens, nous les avons, mais la liberté d'en user,
nous ne la possédons plus. La défense de la frontière de l'Est nous interdit d'envoyer partout nos
soldats. L'expédition de Tunisie n'avait déjà que
trop affaibli nos effectifs, il eût été souveraine-
ment imprudent de détacher encore des régiments
au Caire et à Alexandrie, quelque dangereux qu'il
fût de donner à tout l'Orient cette preuve nouvelle de notre amoindrissement. Si nous n'avons
plus le bras assez long pour le faire sentir partout, à qui en est la faute, sinon au régime qui
nous a conduits aux désastres de 1870? Là encore
se sont cruellement manifestées les conséquences
de notre déchéance.

A Tunis la nécessité de l'intervention se présentait avec des caractères d'urgence telle que nous
étions tenus de passer par-dessus les mêmes con-
sidérations qui nous ont arrêtés en Égypte. Il s'a-
gissait d'empêcher l'Italie de nous devancer, et
d'assurer la sécurité de l'Algérie. Je ne méconnais
pas la force des objections qu'a soulevées cette
annexion, voisinage immédiat de la Porte, épar-
pillement de nos forces. Les hommes d'État qui

ont signé le traité du Bardo obéissaient à une haute pensée politique, dont on ne saurait contester la valeur.

On n'en peut dire autant du Tonkin. Quelle conception insensée, dans l'état actuel de l'Europe, que celle d'un empire colonial s'appuyant sur la Cochinchine française comme base, s'étendant par le protectorat sur l'Annam et le Cambodge, et forçant à travers le Tonkin les portes de la Chine ! Puissent ceux qui ont si imprudemment engagé l'action de la France la tirer à son honneur d'une aventure où ils ont accumulé fautes sur fautes.

Des questions diplomatiques aux questions militaires, la transition est naturelle. Pour que sa situation extérieure soit forte et respectée, il faut à un peuple une solide armée. L'armée est la gardienne nécessaire de ses droits et de son honneur. Tout ce qui touche à l'armée est un intérêt national au premier chef.

Après la terrible leçon de 1870, nous devrions avoir sans cesse présent à l'esprit l'état militaire de nos voisins. Je prends les chiffres que l'on va lire dans le volume du capitaine Rau sur les ressources militaires des principales puissances étrangères en 1880. En Allemagne (1) l'armée active, la réserve et la landwehr représentent un effectif de 1,549,000 hommes, celui de la landsturm est de 1,028,000, soit un total de 2,577,000 soldats instruits ou en voie d'acquérir de l'instruction. L'Italie compte pour son armée permanente 684,000 hommes, 361,000 et 1,508,000 pour sa milice mobile et pour sa milice territoriale, au total 2,553,000 soldats. La France, à un moment donné, est donc exposée à se trouver aux prises avec une coalition qui armera cinq millions d'hommes.

En présence d'une pareille situation, que tous les partis ne fassent pas trêve pour porter d'un commun accord au plus haut degré de perfection l'instrument duquel dépend le salut et l'avenir de la patrie, c'est un aveuglement qui confond et qui désespère. Une nouvelle loi sur le recrutement est aujourd'hui en discussion. On est pénétré de tristesse et d'effroi en constatant que l'intérêt de l'armée n'est pas la principale préoccupation de ses auteurs. Ce qu'ils poursuivent, c'est l'application à outrance du principe d'égalité. La dette électorale arrive à échéance. Ils ont peur de se

---

(1) Depuis 60 ans, il n'y a eu que quatre chefs de l'État-Major prussien. Ce corps est dirigé par le maréchal de Moltke depuis 1857. Chez nous, du 4 septembre 1870 à nos jours, le ministère de la guerre a changé *quinze* fois de titulaire.

compromettre en frustrant les électeurs des espérances qu'on a fait luire à leurs yeux pour enlever leurs votes.

Le projet soumis aux délibérations de la Chambre se résume en deux dispositions essentielles : réduction à trois ans de la durée du service militaire, abolition du volontariat.

Le service de trois ans ne soulève pas d'objection de principe. L'impôt militaire est singulièrement lourd, aux pauvres surtout, à qui le pays prend, sans compensation, leurs années les plus productives. Pourquoi un système qui fonctionne en Allemagne, en Autriche, en Italie ne serait-il pas applicable à la France? Respectables assurément et bien dignes d'attention sont les intérêts au nom desquels on réclame le service de trois ans; mais ce qu'il importe de savoir, c'est si le moment est opportun pour cette réforme, si à l'heure présente l'intérêt militaire ne prime pas l'intérêt social. L'inquiétude croît quand on voit l'initiative d'un pareil changement prise, non par le Gouvernement, non pas par le chef de l'armée, mais par l'irresponsabilité parlementaire. Ne serait-il pas plus courageux de venir déclarer au pays avec M. Margaine (1) : « Tu as raison de demander » der la diminution des charges qui pèsent sur toi,

____

(1) Séance de la Chambre du 30 avril 1884.

» mais de même que je n'ai pas pu te faire ac-
» corder la diminution des impôts, la diminution
» des places qui grèvent le budget, de même je
» ne puis pas et encore moins t'accorder la dimi-
» nution de l'impôt du sang; et si je te refuse
» cela surtout, c'est que j'ai la conviction qu'en
» agissant autrement je sacrifierais à ton interêt
» particulier l'intérêt général du pays. »

La suppression du volontariat crée des périls
d'un autre ordre. Astreindre au service de trois ans
tous les citoyens sans exception, c'est préparer la
désorganisation de toutes les forces productives de
la nation. Il y va de la ruine des hautes études;
en retenant tous les jeunes gens trois ans sous les
drapeaux, ne voyez-vous pas quel coup vous portez
au recrutement des professions libérales? D'un
trait de plume, vous abaissez le niveau de l'instruction de la jeunesse française. Aussi, en 1883,
dans l'enquête prescrite par le ministre de l'instruction publique, toutes les Facultés se sont-elles
prononcées pour le maintien du volontariat. Ce
témoignage pèsera-t-il de quelque poids aux yeux
do nos médiocres législateurs?

Ce ne sont pas seulement les Facultés qui pro-
testent, les Chambres de commerce s'associent à ce
mouvement de l'opinion.

Comment! on se plaint du ralentissement de nos
exportations, on prodigue les millions pour ouvrir
à notre industrie de nouveaux débouchés, — et en

même temps, par la plus flagrante contradiction, on arrête, en les retenant trois ans à la caserne, ces hardis missionnaires commerciaux qui vont au loin fonder des comptoirs et disputer à nos rivaux la clientèle de tant de populations étrangères ! L'empire d'une fausse notion de l'égalité, voilà la cause du mal. L'on cède « à une basse et débilitante passion de nivellement », oubliant que l'égalité exige, non des services identiques, mais des services équivalents.

J'ai terminé l'examen que je me proposais de faire de l'œuvre de la Législature dont les pouvoirs vont expirer. Je n'ai point cherché à atténuer ses torts ; on trouvera même peut-être que j'ai mis à les exposer un acharnement dont pourraient tirer parti les ennemis de la République. J'éprouve, et je ne cherche pas à m'en défendre, une vive irritation en comparant la situation dans laquelle le parti régnant a pris les affaires et l'état en lequel il les laisse. Mais que les adversaires des institutions ne se hâtent pas de triompher ; je voudrais à présent montrer, avec la même indépendance, de quelle impuissance est frappée la coalition réactionnaire qui marche à l'assaut de la République, et à quels dangers sa victoire exposerait le pays, s'il était tenté de lui donner raison.

III

Les partis qui prennent prétexte des fautes des républicains pour poursuivre le renversement de la République, nourrissent de singulières illusions. L'entreprise n'est pas si aisée. Il ne suffit pas, pour amener la ruine de la République, d'envoyer à la Chambre une majorité réactionnaire. A côté de la Chambre, il y a le Sénat; à côté du Sénat, il y a le président de la République. La constitution de 1875 a fort sagement partagé le pouvoir entre trois autorités. Cette précaution permet aux républicains d'envisager sans trop de crainte les résultats de la bataille électorale, quels qu'ils puissent être.

Admettons l'hypothèse d'une victoire des adversaires de la République. Sont-ils gens à savoir profiter de leur triomphe? A peine parvenus au but de leurs efforts, ils cesseront de s'entendre ; il est certain qu'ils s'entredéchireront, et que par suite ils sont incapables de rien fonder. L'armée qui s'est donné la tâche de renverser la République se compose de deux corps distincts. La haine de l'ennemi commun a pu les réunir; le but atteint, l'ennemi battu, ils tourneraient leurs armes les uns contre les autres. Les réactionnaires ne se refusent pas la facile satisfaction d'énumérer les nuances du parti républicain. Il est évident que la république de M. Ribot n'est pas celle de M. Ranc, qui elle-même diffère de celle de M. Floquet, laquelle se distingue de la république de M. Clémenceau, et M. Clémenceau n'est pas le dernier terme de la série. Si les partis hostiles à la République ne se décomposent pas en autant de groupes, on accordera cependant qu'ils se partagent en deux grandes fractions séparées par un abîme, impérialistes et royalistes. Ce n'est pas tout : chacune de ces grandes fractions est travaillée par des dissensions intestines ; les impérialistes catho liques sont en lutte avec les impérialistes démocrates, les royalistes cléricaux avec les royalistes parlementaires. Chacun de ces sous-partis témoigne à l'autre une antipathie presque égale à celle qu'il professe pour l'adversaire commun. La preuve de leurs divisions, par suite de leur impuissance, ce sont les réactionnaires eux-mêmes qui la fournissent. Ils ne peuvent s'entendre que sur une négation : renversement de la République, voilà tout leur programme. Quant à dire par quoi ils la remplaceraient, ils en seraient bien en peine, car l'un veut le régime parlementaire, l'autre le césarisme, un troisième la Constitution de 1852 avec un prince de la maison de France. Ils ne s'accordent ni sur les personnes, ni sur les idées. Cette politique au reste, le pays la connaît, il l'a jugée : c'est celle du 24 mai 1873 et du 16 mai 1877. Quels résultats a-t-elle produits? A quoi a-t-elle abouti? A ceci uniquement, à procurer un éclatant triomphe au parti républicain.

La coalition réactionnaire présente un spectacle peu édifiant. Il y a dans cette alliance de la vieille monarchie qui a fait la France et de l'Empire qui l'a défaite quelque chose qui déplaît et qui choque. Je ne crois plus à la possibilité ni à l'utilité d'une restauration monarchique, mais je respecte profondément les souvenirs du passé. Qu'on soit sévère tant qu'on voudra pour la politique intérieure de la Maison de France, il est impossible d'oublier à quel degré de grandeur elle a porté la fortune de la France. Des temps nouveaux réclament une politique nouvelle; le pays n'a plus ni les idées, ni les sentiments qui sont les fondements de la monarchie, mais il est facile de comprendre que cette conviction ne se soit pas encore emparée de tous les esprits, les tendances du parti au pouvoir n'étaient guère faites pour les rallier. Donc, que l'on vienne dire au pays : « Répudie la tradition révolutionnaire, reviens à la vieille monarchie qui, dégagée de l'esprit du passé, te rendra paix et grandeur, » — c'est une politique qui peut être accusée de ne pas aller au fond des choses, au moins n'encourt-elle pas le reproche de manquer de netteté, de loyauté et de franchise. Ce n'est pas celle que l'on a adoptée; les partisans de la monarchie ont préféré mettre leur drapeau dans leur poche, et faire à l'empire des avances dédaigneusement acceptées, quand elles n'étaient pas repoussées outrageusement. A tenter ainsi d'enlever les suffrages par une alliance équivoque, je ne vois pas bien ce que peuvent gagner les représentants du principe royaliste; ne risquent-ils pas en revanche de perdre la dignité et le droit au respect?

La coalition présente enfin cette particularité d'être une menace pour les institutions libres au moins autant que pour la République. Par institutions libres j'entends : pour la nation, la gestion de ses affaires par ses représentants; pour l'individu, la jouissance de tous ses droits. Les divers partis hostiles à la république n'ont guère de goût pour le régime libéral. Si nous les personnifions par des noms, nous trouvons que les représentants des diverses nuances sont le prince Napoléon, M. de Cassagnac, M. de Mun, le duc de Broglie.

J'ignore la mesure du libéralisme de M. le duc de Broglie et de ses amis; sur les tendances de leurs associés je suis fixé. Tous ont la prétention de sauver la société par l'autorité, tandis que nous, nous ne faisons appel qu'à la liberté. Il serait aussi fastidieux qu'inutile de reproduire et de

comparer les déclarations des impérialistes, démocrates et catholiques, et des royalistes cléricaux ;
leurs programmes sont identiques au fond et se
ramènent à ceci : rétablissement de la Constitution
de 1852, c'est-à-dire toute puissance en haut, as-
servissement en bas. La France peut être compa-
rée à un immeuble dont nous nommons les
gérants. Les gérants actuels sont de fort mauvais
intendants, mais la maison elle-même n'a rien qui
me déplaise. L'on y jouit sous certains rapports
d'une liberté inconnue jusqu'à présent ; on y a
par exemple toute facilité pour dire hautement
tout ce que l'on pense. Encore quelques ouver-
tures du côté de la liberté d'association et de la
liberté religieuse, et le logis deviendra tout à fait
habitable. Les régisseurs qui nous offrent leurs
services, le prince Jérôme, MM. de Cassagnac et
de Mun, proposent de démolir l'édifice de fond en
comble pour en rebâtir un nouveau. Ils crient
qu'ils étouffent ; je me figure que nous étoufferions
bien davantage dans la maison dont ils ont le
plan en leurs cartons. Plus de liberté de presse,
de réunion, de liberté politique ; mûrées toutes
les fenêtres ; à la porte, des geôliers chargés de
régler nos pensées et nos actions. La perspective
n'a rien qui me tente, et je conjure mon pays de
ne pas écouter ces voix fallacieuses. Deux néces-
sités dominent aujourd'hui la politique : accepter
a démocratie sans arrière-pensée, chercher dans

la liberté le correctif sans lequel elle serait la plus atroce des tyrannies. Voilà la leçon que les faits nous donnent, la réaction n'en tient pas compte. Si elle l'emportait, elle n'aurait fait que préparer au pays déceptions et catastrophes.

L'on apporte en faveur de la monarchie un argument trop sérieux, en apparence du moins, pour n'en pas faire l'objet d'un examen spécial. Il consiste à développer cette idée que la République, par cela seul qu'elle est la République, aggrave la situation diplomatique de la France ; que la monarchie, au contraire, parce qu'elle comporte l'intervention prépondérante du prince dans la direction des affaires extérieures, est plus capable d'avoir une politique suivie, prudente et efficace, et que seule enfin, elle nous assurerait l'alliance des maisons souveraines, ennemies par essence de la démocratie, avec qui l'honneur et l'intérêt leur interdisent de s'entendre.

Si ces assertions étaient démontrées, s'il était prouvé que la République est un obstacle au relèvement de la France, tandis que la monarchie est l'indispensable instrument de la restauration de la patrie, il n'y aurait pas à hésiter, il faudrait sans délai renoncer à la République pour revenir à la monarchie. L'argument, malheureusement, repose sur une supposition purement gratuite. En effet, il est fondé sur cette présomption que les princes, à qui l'on entend réserver le rôle principal dans

la politique étrangère, seront toujours, par grâce
spéciale, des hommes de talent sinon de génie,
doués à un degré particulier de clairvoyance et de
fermeté. De récents souvenirs nous empêchent
d'oublier le démenti donné à ces espérances par
la réalité. Si jamais pays a été dessaisi de la direction de ses affaires extérieures, c'est bien celui-ci
sous l'Empire. Qu'est-ce que Napoléon III a fait de
la France? La détestable politique, qui était son
œuvre personnelle, nous a perdus; en quelques
années, elle a ruiné l'œuvre des siècles. On dira
peut-être que l'empereur n'était qu'un souverain
d'aventure, à qui manquaient les traditions des
vieilles races. Est-ce qu'Alexandre II, le représentant d'une vieille maison souveraine, celui-là, n'a
pas commis, en n'intervenant pas en 1870, une
faute analogue à celle de Napoléon III? Est-ce
qu'en laissant se constituer une Allemagne unie, il
n'a pas porté un coup terrible à la sécurité de la
Russie? Je ne vois donc pas que la suppression du
contrôle de la nation en matière diplomatique soit
une garantie contre les fautes. La vérité est que
les institutions valent ce que valent les hommes
qui les représentent. Il n'y a pas de forme de gouvernement incompatible avec une bonne politique
étrangère, tout dépend du mérite des individualités
dirigeantes. Envoyons au Parlement l'élite de la
nation, et notre politique extérieure redeviendra
sage, mesurée, féconde.

Quant aux alliances, c'est une illusion de croire que la restauration monarchique aurait la vertu de dissiper les nuages qui obscurcissent l'horizon. L'union de l'Allemagne et de l'Italie est le point noir sur lequel nous devons toujours avoir les yeux fixés; elle tient à des causes indépendantes de notre situation constitutionnelle. Comment la chute de la République pourrait-elle rompre des nœuds que tout a concouru à former? Les espérances que l'on fonde sur la Restauration visent surtout la Russie. A la distance où nous sommes d'elle, il n'existe pas de cause de conflit entre cette puissance et nous; au contraire, nous n'avons que des intérêts communs. Par-dessus tout, nous avons un commun adversaire, l'Allemagne. C'est la force des choses qui a créé ces liens, il dépend de notre attitude de les resserrer. Il est certain qu'une France, de plus en plus livrée aux influences révolutionnaires, perdrait les sympathies nées d'une communauté d'intérêts manifeste; pour inspirer confiance, il faut qu'elle offre au monde le spectacle d'une nation unie, calme dans sa force, résolue à ne se lancer dans aucune aventure, mais décidée également à ne pas laisser se fermer davantage le cercle de fer dans lequel on prétend l'étouffer.

Bien loin de voir dans notre situation extérieure une raison de renverser la Bépublique, j'y trouve un motif pour la maintenir. Ce n'est pas en des cinconstances comme celles que nous traversons, que l'on s'occupe à changer la forme du gouvernement, quand surtout une pareille transformation risque d'allumer la guerre civile. En présence des menaces extérieures, le patriotisme commande l'union. Les conservateurs qui font de la politique révolutionnaire manquent aujourd'hui à leur devoir, comme les républicains y ont manqué en faisant de la politique de division.

La conclusion de l'exposé qui précède est assez sombre. Le parti régnant conduit nos affaires d'une façon déplorable : on en cherche vainement un autre capable de le remplacer. Combien enviable nous apparaît la condition de nos voisins les Anglais ! Chez eux la transmission du pouvoir d'un parti à l'autre s'effectue sans secousse. Quand l'opinion se détache des hommes placés à la tête des affaires, ils en abandonnent la direction à leurs successeurs-nés avec une facilité singulièrement profitable à la chose publique. Ce précieux avantage est dû à la classification si simple des partis en Angleterre, et aussi à l'accord des libéraux et des conservateurs sur les questions fondamentales. Il en est de même en Belgique, en Italie. En Belgique, les catholiques remplacent les libéraux, et réciproquement, sans qu'il soit besoin pour cela d'une révolution. Le caractère révolutionnaire de la politique de l'opposition qui s'intitule conservatrice en ce pays est certainement un des embarras et un des périls des temps présents. En Angleterre et en Belgique, les crises se dénouent par un simple changement de personnes; en France, elles aboutissent au renversement des institutions. La superstition des étiquettes est une de nos manies les plus puériles, et non pas la moins inoffensive. Comme la situation se détendrait, comme elle prendrait de suite un aspect plus favorable, si les conservateurs se résignaient à faire de l'opposition constitutionnelle! L'existence d'un parti conservateur est une nécessité de premier ordre; son action est indispensable au jeu régulier du mécanisme parlementaire. Les éléments désignés pour le composer encourent une grave responsabilité en ne laissant au corps électoral le choix qu'entre le jacobinisme et une révolution.

IV

J'ai rempli la tâche que je m'étais assignée. Le devoir s'impose à tous de s'occuper des affaires publiques. L'intérêt est d'accord avec le devoir. Il s'agit de l'avenir du pays, par conséquent de l'avenir des générations qui viennent après nous.

En disant hautement ma pensée, je crois faire acte de bon citoyen. Résigné aux railleries et aux injures qui seront sans doute le plus clair profit de mes efforts, je m'adresse aux gens au milieu desquels je vis, et je viens leur dire :

Refusez votre confiance aux hommes de parti qui ont compromis tous les intérêts, mais ne l'accordez pas davantage à ceux qui ne s'entendent que sur un point : la haine de la République. Donnez vos voix à ces hommes modérés, qui représentent la véritable opinion du pays, lequel n'a de goût pour aucun extrême (¹). C'est par eux seuls que la France peut se relever; c'est leur direction seule qui est capable de rassurer les consciences et les intérêts, et de préparer le mieux la patrie aux épreuves qui un jour ou l'autre la doivent assaillir.

Saint-Germain-sur-Vienne *(Indre-et-Loire)*, 20 juin 1885.

---

(1) Un département comme l'Indre-et-Loire ne s'honorerait-il pas en faisant passer une liste sur laquelle seraient portées des individualités comme M. Ribot, M. Paul Leroy-Beaulieu, M. Lamy, M. Taine? La médiocrité nous tue : c'est le ver rongeur de la démocratie. Si nous sommes incapables de trouver parmi nous des gens de valeur, allons en chercher hors de nos frontières départementales?

PARIS. — IMPRIMERIE CHAIX, 20, RUE BERGÈRE. — 16488-5.

9 782012 995024